DVD included!

À L'ÉCRAN

Short French Films and Activities Manual with DVD

Volume 2

DVD
included!

À L'ÉCRAN

Short French Films and Activities Manual with DVD

Volume 2

Contributors

KELLE TRUBY
University of California, Riverside

KIMBERLY MEURILLON
Heinle, Cengage Learning

TIMOTHY DEER
Heinle, Cengage Learning

CATHARINE THOMSON
Heinle, Cengage Learning

NICOLE MORINON
Heinle, Cengage Learning

HEINLE
CENGAGE Learning·

Australia • Brazil • Japan • Korea • Mexico • Singapore • Spain • United Kingdom • United States

HEINLE
CENGAGE Learning

À l'écran: Short French Films and Activities Manual with DVD Volume 2
Kelle Truby, Kimberly Meurillon, Timothy Deer, Catharine Thomson, Nicole Morinon

Publisher: Beth Kramer

Senior Acquisitions Editor: Nicole Morinon

Development Editor: Catharine Thomson

Assistant Editor: Kimberly Meurillon

Senior Editorial Assistant: Timothy Deer

Associate Technology Project Manager: Katie Latour

Marketing Program Manager: Caitlin Green

Marketing Communications Manager: Glenn McGibbon

Manufacturing Planner: Betsy Donaghey

Rights Acquisitions Specialist, Media: Mandy Groszko

Design Direction, Production Management, and Composition: PreMediaGlobal

Cover Image: ©istockphoto.com/ KLH49

For product information and technology assistance, contact us at
Cengage Learning Customer & Sales Support, 1-800-354-9706

For permission to use material from this text or product, submit all requests online at **cengage.com/permissions**
Further permissions questions can be emailed to
permissionrequest@cengage.com

Student Edition:
ISBN-13: 978-1-133-43413-9
ISBN-10: 1-133-43413-4

Heinle
20 Channel Center Street
Boston, MA 02210
USA

Cengage Learning is a leading provider of customized learning solutions with office locations around the globe, including Singapore, the United Kingdom, Australia, Mexico, Brazil, and Japan. Locate your local office at: **international.cengage.com/region**

Cengage Learning products are represented in Canada by Nelson Education, Ltd.

For your course and learning solutions, visit **academic.cengage.com**

Purchase any of our products at your local college store or at our preferred online store **www.cengagebrain.com**

Printed in Canada
1 2 3 4 5 6 7 15 14 13 12 11

Table des matières

A quoi ça sert l'amour?

Louis Clichy – 2006

Paul Beuscher/Cube

Marcela Barse/iStockphoto.com

A QUOI ÇA SERT
L'AMOUR?
Film d'animation de
Louis Clichy – 2006

Préparation au visionnage du film

Discussion

Quel type de musique écoutez-vous le plus souvent? A quels aspects d'une chanson êtes-vous le plus sensible: la mélodie? le rythme? l'artiste? les paroles? Aimez-vous les chansons d'amour? A votre avis, pourquoi est-ce que l'amour inspire tant d'auteurs et chanteurs qui le prennent comme sujet? Quels autres thèmes communs se répètent souvent dans les chansons que vous écoutez?

Expressions et vocabulaire utiles

A quoi ça sert? *What good is it / what's the use?*	**déchirant** *heartbreaking*	**On a vécu** *past tense of vivre—You lived*
un banc *a bench*	**un goût** *a taste*	**rompre** *to break up*
chagrin *sadness*	**insensées** *senseless*	**souffrir** *to suffer*
le coup de foudre *love at first sight*	**les larmes** *tears*	**tomber amoureux** *to fall in love*
décevant *disappointing*	**un manège** *a merry-go-round*	
	le miel *honey*	

Note Culturelle

En 2007, Marion Cotillard a obtenu l'Oscar et plusieurs autres prix pour son interprétation du rôle d'Edith Piaf dans le film *La Môme (La Vie en Rose)*. Piaf est une des chanteuses les plus célèbres du vingtième siècle.

1. Choisissez l'expression qui ne va pas avec les autres.

   a. déchirant   chagrin   décevant   joli

   b. larmes   souffrir   pleurer   croire

   c. joie   heureux   premier   merveilleux

   d. expliquer   perdre   raconter   dire

   e. toujours   éternel   chaque fois   comme ça

2. Regardez encore le vocabulaire de l'exercice 1. Pour chaque mot, notez si le sens est négatif, (n) positif (p) ou neutre (o).

All video stills taken from Beuscher-Arpege AND Cube Creative Computer Company/Credit: «A QUOI CA SERT L'AMOUR»(Michel Emer)
©1962 by Editions Beuscher Arpège /© Louis Clichy / Cube Creative 2003

Discussion

A quoi ça sert l'amour? Avant de regarder le film, travaillez avec un partenaire pour trouver quelques réponses possibles. Quels avantages voyez-vous à la vie de couple? Y a-t-il des désavantages?

Pendant le visionnage

Premier visionnage

Voici quelques activités associées à la vie d'un couple. Entourez celles que vous voyez dans le film.

se promener	se marier
partir en vacances	avoir des enfants
fêter les anniversaires	diner en famille
avoir des crises de jalousie	s'embrasser
se battre	s'amuser
se faire des cadeaux	rompre
se quitter	se disputer
se réconcilier	

Deuxième visionnage

Indiquez si les actions suivantes sont faites par l'homme (H), la femme (F) ou les deux (D).

Exemple: se disputer (D)

1. offrir des fleurs
2. regarder des photos en pleurant
3. regretter la rupture
4. se mettre en colère
5. trouver l'appartement vide
6. briser la photo encadrée
7. aller au cinéma
8. imaginer des infidélités
9. aller à Montmartre.

Allez plus loin

Complétez la chanson avec la forme correcte des verbes suivants:

raconter	venir
aimer	prendre
expliquer	

—On _____ toujours des histoires insensées. A quoi ça sert d' _____?
—L'amour ne s' _____ pas, c'est une chose comme ça, qui vient on ne sait d'où et vous _____ tout d'un coup.

Après le visionnage:

Laquelle des définitions tirées de la chanson exprime le mieux votre idée de l'amour? Partagez votre réponse avec d'autres étudiants. Quelle est la réponse la plus populaire de votre groupe? Et de la classe entière?

1. L'amour vous prend tout d'un coup.

2. Je croirai toujours à l'amour.

3. L'amour ne s'explique pas.

4. L'amour nous donne de la joie avec des larmes aux yeux.

5. L'amour est triste et merveilleux.

6. Sans amour, on a vécu pour rien.

7. Après l'amour, il ne reste qu'un immense chagrin.

8. L'amour est éternel.

9. On ne sait pas d'où vient l'amour.

10. L'amour fait souffrir.

Devoirs: A faire!

1. Le film s'arrête sur cette image bien connue du Sacré-Cœur de Montmartre. Regardez le film encore une fois et cherchez d'autres images typiquement parisiennes.

2. Changeons de disque:
   a. « A quoi ça sert l'amour » a été enregistré par Edith Piaf et Théo Sarapo en 1962. Allez sur Internet pour trouver quelques chansons d'amour françaises plus modernes. Notez le nom de l'artiste et le titre de la chanson pour le partager avec la classe.
   b. Baissez le son et regardez encore le film en écoutant votre chanson d'amour préférée. Est-ce que le son se marie bien à l'image?

RÉALISATEUR

Le grand jeu

Yannick Pecherand-Molliex

Keratocone Pictures

« Chaplin p.30... »

LE GRAND JEU
Court-métrage de
Yannick Pecherand-
Molliex — 2008

PRIX ET RECOMPENSES
→ **Festival «Les 24 Courts» 2009:** Prix spécial du Jury
→ **Festival de Cabestany 2009:** Grand Prix du Jury, Grand Prix du Public
→ **Skyprods Festival 2008:** 2e prix
→ **Clap d'or 2008:** 2e prix

Préparation au visionnage du film

Discussion

Aimez-vous participer aux jeux? Pourquoi (pas)? Quels types de jeux sont populaires parmi vos amis et votre famille? Quand vous jouez, êtes-vous gagnant ou perdant le plus souvent? A quoi servent les jeux à votre avis: à se cultiver? se distraire? autre chose?

Note Culturelle

Paris est reconnue comme une des villes les plus romantiques du monde, mais attention: En France il n'est pas possible de se marier comme à Las Vegas. Il faut qu'un des partenaires soit résident de France au moins quarante jours avant le mariage. Il faut également publier les bans (annoncer publiquement l'intention de se marier) dix jours avant la cérémonie.

Expressions et vocabulaire utiles

une affiche *a poster*	**jonché de pétales** *strewn with petals*
une alliance *a wedding ring*	**un mini-message** *a text message*
un bocal de riz *a rice canister*	**un oreiller** *a pillow*
bouleversé *upset*	**un placard** *a closet*
les consignes (f) *instructions*	**le quai** *the platform of a train station*
la gare *train station*	**un réveille-matin** *an alarm clock*
un indice *a clue*	**une serviette** *a napkin*
intrigué *intrigued*	

1. Un ami veut faire une surprise romantique à sa copine. Donnez-lui des conseils à l'aide de l'impératif.

Exemple: Je vais lui offrir des fleurs (Fais-le/Ne le fais pas)

a. Je vais joncher sa chambre de pétales.
b. Je vais mettre un poème sur son oreiller.
c. Je vais lui écrire un mini-message.
d. Je vais cacher une surprise dans un bocal de riz.
e. Je vais me cacher dans son placard.

2. Trouvez deux ou trois autres façons de faire une surprise romantique.

Pendant le visionnage

Premier visionnage

Choisissez la raison qui vous semble logique.

1. La femme se réveille seule.
a. Elle est célibataire **b.** Son mari est parti.

2. Elle trouve des pétales jonchées par terre.
a. Elle trouve le geste romantique. **b.** Elle trouve le geste suspect.

3. Un taxi l'attend dehors.
a. Elle s'habille rapidement. **b.** Elle retourne au lit.

4. Un mini-message lui indique un train.
a. Elle pense faire un voyage seule. **b.** Elle pense retrouver son mari.

5. Elle voit son mari sur le quai.
a. Elle est bouleversée. **b.** Elle est irritée.

Deuxième visionnage

Mettez les actions de la femme dans l'ordre.

1. Une consigne tombe de sa serviette.

2. Il y a une valise avec son nom écrit dessus.

3. Elle voit son mari sur le quai.

4. Elle monte dans un taxi.

5. Le train part.

Allez plus loin

Complétez les messages secrets:

1. Bonjour mon _____, le petit déjeuner est servi.

2. Fais-toi _____.

3. Un taxi _____.

4. Quai 27, voiture 15, place 28, départ _____!

5. Ne _____ pas.

Après le visionnage

1. A votre avis, quelle est la meilleure façon d'annoncer une mauvaise nouvelle? Faut-il le faire progressivement, en douceur, ou vaut-il mieux tout dire sans préliminaires? Préférez-vous aborder des sujets difficiles en face à face, par écrit ou au téléphone? Quelle méthode vous semble la plus honorable? La plus facile?

2. Que ressentez-vous pour la femme dans le film? Et pour l'homme? Quelles excuses pouvez-vous imaginer aux actions du mari?

Devoirs: A faire!

Etape 1. Le film fait référence à Charlie Chaplin. Faites une liste de similarités entre ce film et les anciens films muets. (Si vous ne connaissez pas les films de Chaplin, vous pouvez en regarder quelques extraits sur YouTube.)

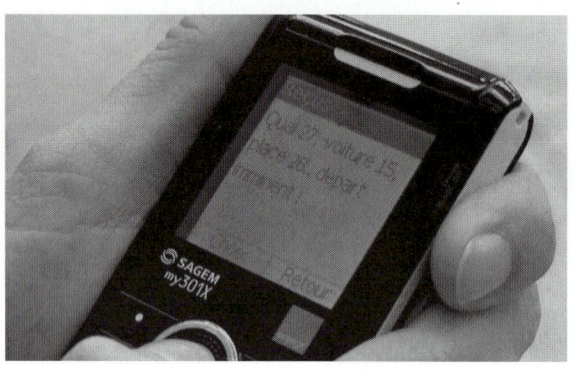

Etape 2. Donnez votre opinion du titre de film. De quel jeu s'agit-il?

RÉALISATEUR

Madagascar, carnet de voyage

Bastien Dubois

http://www.bastiendubois.com/mada/

MADAGASCAR,
CARNET DE VOYAGE
Court Métrage
Animé de Bastien
Dubois. Sacrebleu
production – 2009

All video stills taken from Sacrebleu Productions

PRIX ET RÉCOMPENSES

→ Nominé aux Oscars 2011

→ **Festival d'Ottawa:** Prix du public de l'office national du film du Canada, Grand prix du meilleur film de commande, Meilleure animation adulte pour la télévision

**Pour en savoir plus sur ce film, visitez le site officiel: http://www.bastiendubois.com/mada/

Préparation au visionnage du film

Discussion

Aimez-vous voyager? Qu'est-ce que l'idée du voyage représente pour vous: le repos? la distraction? les rencontres? la culture? autre chose? De tous les pays francophones, lequel aimeriez-vous le plus visiter? Pourquoi? Si vous avez déjà visité un pays étranger, comment y êtes-vous allé? Quels souvenirs avez-vous rapporté du pays?

Expressions et vocabulaire utiles

une baratte à beurre	*a butter churn*	un horaire	*a time-table*
un billet d'avion	*an airplane ticket*	Je descends là	*I get off here.*
un billet de banque	*paper money, banknote*	un lémur	*a lemur*
un carnet de voyage	*a travel diary*	un linceul	*a shroud*
un cerf-volant	*kite*	malgache	*from / of Madagascar*
c'est parti!	*and we're off !*	un marchand de fruits	*fruit vendor*
ça marche	*okay*	une recette	*a recipe*
une carte	*a map*	un reçu	*a receipt*
camion	*truck*	le retournement des morts	*the changing of the dead – turning of the bones*
un dessin	*a drawing*		
déterré	*unearthed, disinterred*	les souvenirs	*mementos*
emmailloté	*wrapped up*	un ticket de transport	*a bus / shuttle ticket*
une esquisse	*a sketch*	un timbre	*a stamp*
une étiquette	*a label*	un tombeau	*a tomb*
une fleur séchée	*a dried flower*	taxi brousse	*bush taxi*

Note Culturelle

Plus de 50 pays sont membres de L'Organisation Internationale de la francophonie (l'OIF). Pour en voir une liste complète, visitez leur site officiel: http://www.francophonie.org/-Etats-et-gouvernements-.html

1. Trouvez un mot de la liste qui décrit:
   a. Une exclamation de joie
   b. Un objet à prendre comme souvenir
   c. Un événement culturel
   d. Un moyen de transport
   e. Un animal indigène

2. Carnet de voyage: Un ami vous offre un carnet de voyage que vous voulez remplir pendant votre prochain voyage. Avec un partenaire, faites une liste d'objets que vous pourriez y mettre.

Pendant le visionnage

Premier visionnage

Entourez tous les moyens de transport que vous voyez dans le film.

avion	camion	taxi
bateau	cheval	taxi brousse
bicyclette	hélicoptère	voiture

Deuxième visionnage

Entourez les objets qui font partie du carnet de voyage que nous voyons dans le film.

adresses	étiquette	paragraphes écrits
billet de banque	fleur séchée	photo
cartes	morceaux de papier	recettes
dessin	noms	reçus
esquisse	numéro de téléphone	timbre

Allez plus loin

Pour évoquer son voyage, Bastien Dubois fait appel aux cinq sens. Complétez le schéma suivant en indiquant deux éléments du film qui correspondent au sens indiqué.

La vue	L'ouïe	Le toucher	L'odorat	Le goût

famadiha na

Après le visionnage

Votre école va recevoir des visiteurs malgaches. Faites une liste de sites et événements de votre région auxquels vous pourriez les inviter.

Devoirs: A faire!

1. Bastien Dubois note plusieurs mots malgaches (noms de ville, produits, traditions) dans son carnet de voyage. Choisissez-en un ou deux du film pour faire des recherches. Partagez ce que vous avez appris avec la classe.

2. A propos du film, Marie Bergeret a écrit dans une critique: « L'auteur ne se contente pas de nous raconter son expérience malgache, il nous la fait vivre. » De quelles façons est-ce que Bastien Dubois évoque le voyage dans son film?

RÉALISATEUR

L'entrevue

Claire Blanchet

Office national du film du Canada

Marcela Barsse/iStockphoto.com

L'ENTREVUE
Film d'animation
de Claire
Blanchet — 2009

Marcela Barse/iStockphoto.com

Préparation au visionnage du film

Discussion

Vous avez une entrevue pour un emploi dont vous avez toujours rêvé. Comment vous préparez-vous pour rencontrer l'employeur? A quels types de questions est-ce que vous vous attendez? Lors de l'entrevue, qu'est-ce qui vous ferait penser que vous avez réussi à obtenir le poste? Si vous aviez l'impression de ne pas être pris au sérieux, quelle serait votre réaction?

Expressions et vocabulaire utiles

s'attendre à *to expect*	**le génie** *engineering*
un candidat *an applicant*	**hautement qualifié** *highly qualified*
compétent *competent*	**les préjugés et stéréotypes**
le comportement *the behavior*	**raciaux** *racial prejudice and stereotypes*
une embauche *a hire*	**une maîtrise** *a Masters degree*
embaucher *to hire*	**prendre quelqu'un au sérieux** *take someone seriously*
engager *to hire*	**priver** *to deprive / withhold*
l'équité dans le milieu du travail *equality in the workplace*	**recruter** *to recruit*

Note Culturelle

L'entrevue participe au programme **La tête de l'emploi** — un projet national contre la discrimination au travail. Pour voir d'autres films faisant parti du projet, visitez le site de l'Office national de film du Canada: www.onf.ca.

Discussion

Vous travaillez aux ressources humaines d'une grande compagnie de téléphone mobile. Un employeur vous demande des informations sur la politique de l'entreprise concernant les embauches. Ecrivez-lui quatre conseils en complétant les phrases suivantes.

Exemple: Vous devez

> **Vous devez** *prendre chaque candidat au sérieux.*

1. Il faut
2. Il est important de
3. Les candidats doivent être
4. L'entreprise n'accepte pas
5. Nous insistons sur

Pendant le visionnage

Premier visionnage

Choisissez la bonne réponse.

1. L'interviewé n'est pas pris au sérieux parce qu'il manque de qualifications / parce que l'employeur a des préjugés.
2. Lors de l'entrevue, l'employeur pense à ses stéréotypes raciaux / pense à ses vacances.
3. L'entrevue dure longtemps / se termine rapidement.
4. L'interviewé accepte d'être maltraité / proteste contre le comportement de l'employeur.
5. Les deux hommes recommencent l'entrevue / ils se disent au revoir.

Deuxième visionnage

Vrai ou faux? Regardez le film une deuxième fois et répondez vrai ou faux selon le cas. Si c'est faux, corrigez la description.

1. L'interviewé n'est pas qualifié. _____
2. Le nom de l'interviewé est d'origine africaine. _____
3. L'employeur pose des questions sur l'expérience de l'interviewé. _____
4. L'interviewé a obtenu son diplôme à Harvard. _____
5. L'employeur demande de recommencer l'entrevue. _____

Allez plus loin

Pour chaque réplique, dites si c'est l'employeur ou l'interviewé qui parle.

1. Ca fait longtemps que vous cherchez du travail?
2. Est-ce que l'origine de votre nom est africaine?
3. Merci d'être venu, on vous appellera.
4. Vous n'avez posé aucune question sur mon expérience.
5. Sur quoi vous basez-vous exactement pour embaucher?

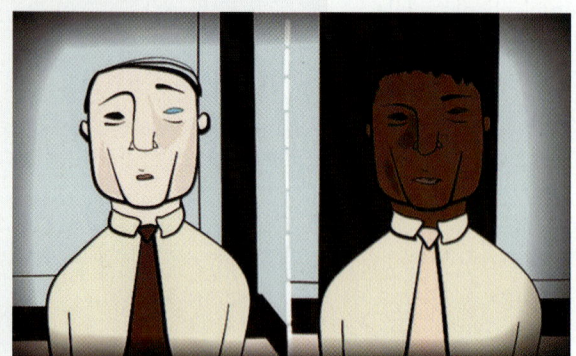

Après le visionnage

1. Vous êtes un ami de l'interviewé M. Mukhtar. Il vous raconte l'histoire de son entrevue et vous demande votre avis. Doit-il prendre le poste? Qu'est-ce que vous lui répondez?

2. Engagé pour assurer l'équité dans l'entreprise, vous regardez un enregistrement de l'entrevue entre l'employeur et M. Mukhtar. Notez cinq erreurs pour en parler à l'employeur.

Devoirs: A faire!

1. Une amie critique le rôle des médias dans la formation des opinions publiques. Répondez-lui en citant les bons aspects du film *L'entrevue*.

2. Grâce à l'animation, l'interviewé et l'employeur se ressemblent à part leur couleur. Quel est l'effet de ce choix? De quelles autres façons est-ce que les films d'animation aident à aborder les sujets difficiles tels que le racisme?

Sans titre

David Rousseau, Valéry Schatz

Big Like Me Production

Marcela Barsse/iStockphoto.com

SANS TITRE
Court Métrage de
David Rousseau
et Valéry
Schatz — 2007

Préparation au visionnage du film

Discussion

Vous êtes au supermarché avec une amie qui se met à manger un bonbon sans avoir l'intention de le payer. Comment réagissez-vous? Insistez-vous sur un comportement plus honnête? Faites-vous semblant de ne pas la connaître? Riez-vous de sa bêtise sans vous sentir impliqué(e)?

Expressions et vocabulaire utiles

Allez, on se casse. *Come on, let's go*	**J'ai mal au pied** *my foot hurts*
Arrête ! (fam) *Stop it / knock it off!*	**J'arrive** *I'm coming / I'm on my way*
une caisse (slang) *a car*	**Je n'en peux plus** *I'm exhausted / I've had enough*
une carte de séjour *a resident alien card*	**Je vous emmène quelque part?** *Can I give you a lift?*
un certificat de logement *proof of residency*	**Monte dans la voiture!** *Get in the car!*
C'est pas grave *It's fine / no big deal*	**obéir à quelqu'un** *to obey someone*
échapper *to escape*	**porter plainte** *to register a complaint*
être en règle *to be legal, to have one's papers*	**retrouver quelqu'un** *to find someone*
s'enfuir *to flee*	**Si c'est pas malheureux ça** *What's the world coming to? (Lit. If that isn't sad)*
se faire contrôler *to be stopped by the police*	**signaler quelque chose** *to report something*
se faire expulser *to be deported*	**voler** *to steal*
se faire fusiller *to be shot*	
Fais voir *Let me see*	
un immigré clandestin *an illegal alien*	

Note Culturelle

La compagnie Citroën a crée une des voitures les plus populaires du vingtième siècle. La 2CV (Deux Chevaux) a été produite de 1949 à 1990. Voiture économique et utilitaire, elle a connu un succès international. Même James Bond s'en est servi.

Choisissez une expression logique pour les situations suivantes:

1. Quelqu'un sonne à votre porte.
2. Vous avez travaillé toute la nuit.
3. En route vers l'école dans votre voiture, vous passez devant un arrêt d'autobus et y voyez une amie.
4. Quelqu'un vous marche sur le pied et s'en excuse.
5. Vous ne vous amusez pas à une fête.

Pendant le visionnage

Premier visionnage

Regardez le film sans le son et choisissez la réponse qui vous semble la plus plausible.

1. L'homme et la femme ne se connaissent pas / sortent ensemble.
2. La voiture appartient à la femme / n'est pas à eux.
3. La femme veut s'amuser / voler la voiture.
4. Ils arrêtent de courir parce qu'ils sont arrivés / parce qu'elle a mal au pied.
5. L'homme est expulsé du pays / mis en prison.

Deuxième visionnage

Vrai ou faux? Si c'est faux, corrigez-le.

1. L'homme vient du Mali.
2. La femme ne trouve pas Zurich très exotique.
3. L'homme n'a pas de famille en France.
4. La femme trouve la voiture très belle.
5. L'homme a fait des études universitaires.

Allez plus loin

Qui le dit? Pour chaque réplique, notez si c'est l'homme ou la femme qui parle.

1. Sinon, t'as pas plus romantique?
2. Elle n'est même pas à nous cette caisse!
3. Je t'avais dit qu'il ne fallait pas monter dans cette voiture.
4. J'aime pas mes pieds.
5. Le tout c'est pas de laisser refroidir. J'ai appris ça à la fac.

Après le visionnage

A votre avis: Partagez vos impressions du film avec un partenaire.

1. Depuis quand est-ce que le jeune homme et la femme se connaissent?

2. Où se sont-ils rencontrés?

3. Imaginez que la jeune femme parle de son nouveau copain à ses amies avant le début du film – comment est-ce qu'elle le décrit?

4. Et si le jeune homme parlait de la jeune femme, comment la décrirait-il?

5. Pourquoi est-ce que le jeune homme est expulsé du pays?

6. Pourquoi trouve-t-il la mort à la fin du film?

Devoirs: A faire!

1. Les opinions sur l'immigration varient d'une personne à une autre. Est-ce que le film *Sans Titre* présente des arguments pour ou contre l'immigration? Faites un résumé des arguments du film.

2. Le titre anglais du film est *Denied*. Quel titre préférez-vous? Avez-vous un autre titre a suggéré?

3. *Sans Titre* fait parti d'un projet artistique qui s'appelle 48 HFP. Pour y participer, les créateurs du film doivent compléter un film en moins de 48 heures en incorporant trois éléments obligatoires. Allez sur le site http://www.48hourfilm.com/paris/ et trouvez les éléments imposés pour Sans Titre (2007). A votre avis, est-ce que ces éléments sont bien intégrés au film?

RÉALISATEUR

La magie d'Anansi

Jamie Mason

Office national du film du Canada

LA MAGIE D'ANANSI
Film d'animation de Jamie Mason – 2003

Préparation au visionnage du film

Note Culturelle

Anansi est un personnage important du folklore de l'Afrique de l'ouest et des Caraïbes. Son nom est devenu synonyme d'habilité et sagesse.

Discussion

Les animaux sont très présents dans la littérature pour enfants. Faites une liste de contes dans lesquelles les protagonistes et antagonistes sont des animaux. Quelles sont les qualités humaines des animaux littéraires que vous connaissez? Quelles qualités humaines pourrait-on associer au tigre? Au serpent? À l'araignée?

Expressions et vocabulaire utiles

accorder *to agree*	**grincheux** *grouchy*	**pouffer de rire** *to burst out laughing*
attacher *to attach*	**s'étirer** *to stretch*	**se rendre à** *to go to*
attraper *to catch*	**faire cadeau** *to give someone a present*	**s'y prendre** *to go about something*
un appât *bait*	**la fierté** *pride*	**tendre un piège** *to set a trap*
une chose n'allait pas *something was wrong*	**la force** *force*	**une tige de bambou** *a bambou shoot*
Dame Nature *Mother Nature*	**la graisse** *grease / oil*	**tisser une toile** *make a web*
au détriment des sentiments d'un autre *at the cost of someone's feelings*	**la routine** *habits*	**un trou** *a hole*
	la ruse *cunning*	**une corde** *a rope*
glisser *to slip*	**les bestioles** *insects*	**verser** *to pour*
gluant *sticky*	**mesurer** *to mesure*	
	se mettre à *to start*	
	obtenir le respect *to get respect*	

Dans les contes et fables, le passé composé est remplacé par le passé simple, une forme littéraire qu'il faut savoir reconnaître. De quel verbe s'agit-il dans les phrases suivantes? Récrivez la phrase au passé composé.

1. Anansi eut alors une idée.
2. Elle se rendit chez M. Le Tigre.
3. M. Le Tigre pouffa de rire.
4. Anansi ne se laissa pas décourager.
5. Elle se mit à réfléchir.

Pendant le visionnage

Premier visionnage

Vrai ou faux? Après avoir regardé le film une première fois, répondez vrai ou faux selon le cas. Si c'est faux, corrigez la description.

1. Au début de l'histoire, Anansi ne sait pas bien tisser sa toile.
2. Anansi ne respectait pas les autres animaux de la jungle.
3. M. Le Tigre est l'animal le plus généreux de la jungle.
4. Anansi attrape le serpent par la force.
5. Dame Nature fait un cadeau à Anansi.

Deuxième visionnage

Comment est-ce qu'Anansi attrapa le serpent? Regardez le film une deuxième fois et mettez les actions d'Anansi dans l'ordre chronologique.

1. Anansi attacha le serpent à une tige de bambou.
2. Anansi comprit qu'elle n'attraperait pas le serpent par la force.
3. Anansi versa de la graisse dans un trou.
4. Anansi observa la routine du serpent.
5. Anansi décida de lui tendre un piège.

Allez plus loin

Dans l'exposition de la fable, quand la situation d'Anansi est décrite, les verbes sont à l'imparfait. Complétez l'histoire en conjuguant bien les verbes suivants:

aller	promener
avoir	respecter
être	

Un jour, Anansi se _____ dans la jungle en regardant tous les animaux. Ils _____ fiers de ce que Dame Nature leur avait donné. Anansi les _____ tous, il n'y _____ qu'une chose qui n' _____ pas: aucun animal ne respectait Anansi, c'est du moins l'impression qu'elle avait.

Après le visionnage

 Une fable est une ancienne forme littéraire qui a souvent un but éducatif. Quelle est la moralité de la Magie d'Anansi? Pourquoi est-ce qu'Anansi refuse le respect du tigre? Pourquoi les autres animaux sont-ils choqués de sa réponse? Pourquoi est-ce que le serpent pleure? Pourquoi est-ce que Dame Nature fait un cadeau à Anansi?

Devoirs: A faire!

1. Une amie francophone cherche de bons films pour son enfant de 5 ans. Regardez La Magie d'Anansi encore une fois et notez tous les éléments qui le rendraient agréable aux enfants.

2. Nous apprenons dans le film que le serpent est l'animal le plus long de la jungle et le tigre le plus respecté. Quels seraient les superlatifs associés aux autres animaux de l'histoire?

L'éléphant	Le singe	Le crocodile	La girafe	Les oiseaux

Une vie

Emmanuhell Bellegarde

Marcek Barsse/iStockphoto.com

UNE VIE
Film d'animation
d'Emmanuhell
Bellegarde – 2009

Marcela Barse/iStockphoto.com

PRIX ET RECOMPENSES
→ **Festival de Clermont-Ferrand 2010:** Prix de la presse
→ **Festival International des Très Courts:** Prix de l'originalité

Préparation au visionnage du film

Discussion

Si vous deviez écrire la biographie d'un membre de votre famille, qui choisiriez-vous? Y a-t-il une personne parmi vos relations qui est (ou a été) différente des autres? Où et quand est-il/elle né(e)? Quelles étaient ses activités préférées? Qu'est-ce qui rend sa vie intéressante?

Note Culturelle

Une Vie a été filmé en temps réel au Palais de Tokyo. Pour en savoir plus sur les créations contemporaines de ce musée parisien, visitez le site http://www.palaisdetokyo.com/fo3/low/programme/index.php?page=../../../newhome/index.php

Expressions et vocabulaire utiles

un AVC (accident vasculaire cérébral) *a stroke*	**un endroit sale** *somewhere dirty*	**lancer des pierres** *throw rocks*
attirer *to attract*	**des rencontres (f.)** *encounters*	**un marginal** *an eccentric*
coller *glue / tape*	**une enquête** *an investigation*	**un passeport** *a passport*
des changements (m.) *changes*	**errant** *wandering*	**un permis de conduire** *a driver's license*
des choix (m.) *choices*	**être assuré** *to be insured*	**payer des impôts** *pay taxes*
une compte en banque *a bank account*	**être salarié** *to have a steady job*	**ruban adhésif** *tape*
la course automobile *car racing*	**fendre** *split*	**sombrer dans le coma** *to fall into a coma*
le crâne *the skull*	**ferraille** *metal scraps*	**vivre de l'autre côté de la ligne** *live off the grid*
décoller *unglue / untape*	**franchir la ligne** *cross the line*	**vivre en marge** *to live outside of social norms*
un diplôme *a diploma*	**frapper quelqu'un** *to strike / hit someone*	**voter** *to vote*
un domicile fixe *a fixed address*		

Expressions et vocabulaire utiles

 A l'aide du vocabulaire donné, préparez une définition de l'expression *vivre en marge* pour l'expliquer à un(e) ami(e). Connaissez-vous quelqu'un qui vive de l'autre côté de la ligne? Quels avantages et désavantages voyez-vous à ce choix?

Pendant le visionnage

Premier visionnage

Une Vie raconte la vie et la mort d'un homme qui s'appelle Jean-Claude. Regardez le film sans le son et choisissez la réponse qui vous semble la plus plausible.

1. Jean-Claude est né dans le sud de la France / en Italie.
2. Il réparait des voitures / des machines à laver.
3. Il vivait comme tout le monde / en marge.
4. Il est allé à l'université / en prison.
5. Il est mort d'une rencontre violente / d'une maladie.

Deuxième visionnage

Vrai ou faux? Si c'est faux, corrigez la phrase.

1. Jean-Claude était champion de course automobile.
2. Jean-Claude a fait de mauvaises rencontres.
3. Jean-Claude est mort d'un AVC.
4. Les enfants ne savaient pas que Jean-Claude avait été frappé.
5. Les médecins n'ont pas cru les enfants de Jean-Claude.

Allez plus loin

Complétez la séquence suivante.

Jean-Claude n'est pas un homme comme les autres, Jean-Claude a choisi de _____. C'est courageux car les gens n'aiment pas ceux qui ont franchi _____, mais Jean-Claude adore _____ les lignes. D'ailleurs, il a été champion de _____.

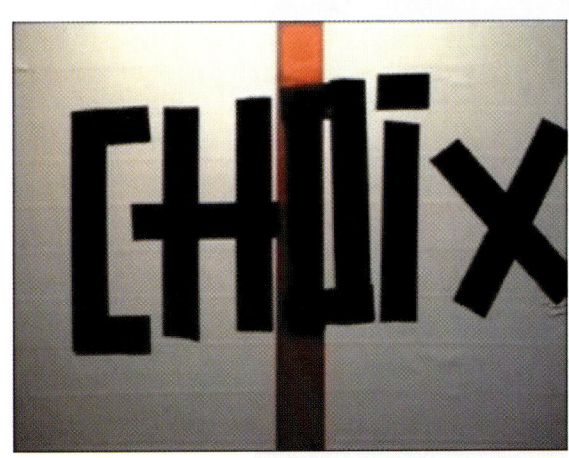

Après le visionnage

1. Répondez aux questions.

   a. Pourquoi est-ce que les médecins n'ont pas cru les enfants de Jean-Claude?

   b. Qu'est-ce qu'ils croyaient être la cause de ses problèmes de santé?

   c. Quelle était la raison véritable de sa mort?

   d. A votre avis, qui a tort dans cette histoire? A-t-on toujours les mêmes droits si on choisit de vivre en marge?

2. Une vie, qu'est-ce que c'est? Des changements, des choix, des rencontres.
   Voici cinq autres observations sur la vie faites par des auteurs français. Laquelle correspond le mieux à vos propres impressions? Pourquoi?

   a. Vous devez passer votre vie à aimer et à penser; c'est là la véritable vie des esprits. – *Voltaire.*

   b. La vie, voyez-vous, ce n'est jamais si bon ni si mauvais qu'on croit. – *Maupassant.*

   c. La vie a beaucoup plus d'imagination que nous. – *François Truffaut*

   d. La vie est courte, mais l'ennui l'allonge. – *Jules Renard*

   e. La vie n'est pas un restaurant mais un buffet. Levez-vous pour vous servir. – *Dominique Glocheux*

Devoirs: A faire!

1. *Une Vie* a été crée avec du ruban adhésif. Quelles images décrivent la vie de Jean-Claude? Quelles images évoquent sa mort?

2. Sur quel ton est-ce que le narrateur raconte la vie de Jean-Claude? Quel est l'effet de ce choix?

3. *Une Vie* est un très court métrage de 1m47s. Qu'est-ce que la rapidité du film ajoute à l'histoire?

RÉALISATEUR

A quoi ça sert l'amour?

— A quoi ça sert l'amour? On raconte toujours des histoires insensées. A quoi ça sert d'aimer?

— L'amour ne s'explique pas, c'est une chose comme ça, qui vient on ne sait d'où et vous prend tout d'un coup.

— Moi j'ai entendu dire que l'amour fait souffrir, que l'amour fait pleurer, à quoi ça sert d'aimer?

— L'amour, ça sert à quoi? A nous donner de la joie, avec des larmes aux yeux, c'est triste et merveilleux.

— Pourtant on dit souvent, l'amour, c'est décevant. Il y en a un sur deux qui n'est jamais heureux.

— Même quand on l'a perdu, l'amour qu'on a connu vous laisse un goût de miel, l'amour, c'est éternel.

— Tout ça, c'est très joli mais quand tout est fini, il ne vous reste rien qu'un immense chagrin.

— Tout ce qui maintenant te semble déchirant demain sera pour toi un souvenir de joie.

En somme si j'ai compris, sans amour dans la vie, sans ses joies, ses chagrins, on a vécu pour rien.

— Mais oui, regarde-moi, à chaque fois j'y crois et j'y croirai toujours, ça sert à ça, l'amour. Mais toi, t'es le dernier, mais toi, t'es le premier, avant toi, y avait rien, avec toi, je suis bien, c'est toi que je voulais, c'est toi qu'il me fallait, toi que j'aimerai toujours, ça sert à ça l'amour!

Le Grand Jeu

First note reads:
«Bonjour mon cœur, le petit déjeuner est servi...»

Second note reads:
«Chaplin p.30...»

Third note reads:
«Fais-toi belle...»

Fourth note reads:
«Un taxi t'attend!!!»

Fifth note (on sidewalk in chalk) reads:
«Emma» (with an arrow pointing ahead to SNCF station)

Sixth note (Text message) reads:
«Quai 27, voiture 15, place 28, départ imminent!»

Seventh note reads:
«A tout de suite...»

Eighth note reads:
«Ne reviens pas.»

Madagascar, carnet de voyage

Tana
***

Tsimbazaza
***

Sur les lignes électriques, on voit plein de cerfs-volants
***

EPI-GARGOTE «UN PEU DE TOUT»
BOISSONS HYGIENIQUES ET
ALCOOLIQUES

— Bonjour

— Ah, Salut Vazaha!

— Viens, assieds toi.

— Merci.

— Alors, tu aimes Madagascar?

— Euh, oui.

— Tu connais le Famadihana, le retournement des morts?

— Le retournement des morts?

— Ma tante en fait un dans un mois, tu peux venir.

— C'est sympa, OK, c'est où?

— Il faut prendre taxi brousse, compagnie Kofiam, direction Antsirabe, je te donne l'adresse, on se verra là-bas, hein?

— OK, pas de problème, ça marche!

Adresse: Mme Solo
531 bis Ambohimanatrika
Secteur III TANJOMBATO
TEL 032 41 112 18
***

MAHAZO
BILLET DE ROUTE
ZEIRA REZIONALY FIARA N° 3903YB3
505-MINI-BUS-CAR
***

Anarana: Dubois
***

VELOMA TANA
***

C'EST PARTI
***

Dans le taxi brousse
TSIRIBIHINA
CONFIANCE
BUS STOP
***

Je m'arrête là
***

Adresse: Mme Solo
531 bis Ambohimanatrika
Secteur III TANJOMBATO
TEL 032 41 112 18
***

Tous les regards se tournent vers moi
***

HIRA GASY
***

Au village d'Ambono, avec Georges pour le Famadihana

— Ah tu es venu! Super! Viens!

— Eh, ça va, Vazaha, on va manger le Vary be menaka!

— Eh, c'est du riz avec beaucoup de porc et c'est très gras et c'est bon!

ils portent un mort dans un linceul (LAMBA)

— Tu vois, ils vont faire sept fois le tour de la maison, après on va au tombeau.

— Tu connais le Toka Gasy? Allez, goûte un peu.

Toka GASY
RHUM supérieur
Toka = alcool
+ gasy = malgache
***

- C'est très fort.
***

Quelqu'un a été déterré!
***

C'est le corps du mort qu'ils transportent
***

Les plus âgés sont montés sur le tombeau pour faire un discours
***

LE CORPS DU MORT EST PLACE DANS LE LAMBA
Les membres de la famille sont réunis autour du corps pour un dernier hommage avant la prochaine fête
***

RAKOTONDRABARY HERY
***
Football
***
KATSEPY
De l'autre côté de l'estuaire près de MAHAJUNGA
***
Madagascar. Carnet de voyage

L'entrevue

— Bonjour.

— Merci de me recevoir à l'entrevue, j'ai beaucoup à apporter à votre compagnie, la plus grande compagnie de téléphones mobiles au Canada.

— Ça fait longtemps que vous cherchez du travail?

— Euh, non. Je viens de terminer un projet d'accès de services de collectivités dans certaines régions rurales de l'Inde.

— Est-ce que l'origine de votre nom est africain?

— C'est arabe, on le prononce Mukhtar, ça veut dire choisir.

— Bon, merci d'être venu, on vous appellera.

— Déjà, drôle d'entrevue. Vous n'avez posé aucune question sur mon expérience.

— Ecoutez, Monsieur Mokmouk...

— Mukhtar. C'est Mukhtar. Sur quoi vous basez-vous exactement pour embaucher? Vous n'avez même pas mentionné ma maîtrise en génie de Harvard. Je mérite mieux que ça.

— Attendez, c'est vous le génie dont les Ressources Humaines m'ont parlé. Je m'excuse. Est-ce qu'on peut recommencer? Vous allez m'épeler votre nom.

— D'accord, M-U-K-H...

Engageons-nous à des entrevues plus justes.

Sans titre

— Tu crois qu'y va où, celui-là?

— A Bordeaux.

— A Bordeaux, ah ah ah, c'est super glamour, Bordeaux!

— Moi, j'ai de la famille là-bas.

— Ah bon. Sinon, t'as pas plus romantique?

— Zurich.

— Ah, ah ah, à Zurich, super romantique, c'est très exotique!

— J'ai de la famille là-bas aussi.

— Ah bon!

— Sinon la Roumanie.

— Je savais pas qu'il y avait des Congolais en Roumanie!

— Non mais il y a le Kashkaval.

— Du Kashka... quoi?

— Le Kashkaval pané.

— Du Kashkaval pané?

— Bah, c'est du fromage de brebis. Pas fait par les vaches, hein. Tu vois, y a du pané; tu connais pas?

— Non, c'est une spécialité congolaise?

— Bah, non.

— Allez!

— Regarde, une deux chevaux, elle est trop belle. J'espère qu'elle est ouverte. Oui!

— Arrête, hé!

— Je vous emmène quelque part?

— Imagine, on nous contrôle, qu'est-ce qu'on fait?

— Arrête, viens, monte avec moi!

— Arrête.

— I wanna be loved by you ... poupou pi dou ... pou.

— Allez viens, on se casse maintenant.

— Allez monte, monte avec moi!

— Elle est même pas à nous, cette caisse.

— Arrête! Monte avec moi dans la voiture, s'te plaît.

— Oh! Ma voiture!

— Viens, on se casse.

— J'en peux plus. Tu crois qu'on l'a semé?

— Eh, eh!

— Je t'avais dit qu'y fallait pas monter dans cette voiture.

— Attends-moi!

— Qu'est-ce qu'y a?

— J'ai mal au pied...

— Attends, fais voir!

— Non, c'est bon, non, non, c'est bon. Pff, j'aime pas mes pieds.

— Ah, c'est pas grave.

— Ah, ah, ah!

— Non mais ça va pas? T'es bête!

— Oh je déconne. Le tout, c'est pas de laisser refroidir. J'ai appris ça à la fac.

— Ca fait du bien! Attention, hein, je te mets une note à la fin.

— Merci.

A l'aéroport

— Inspecteur Jean Maqua. Oui, j'arrive.

Une femme

— Si c'est pas malheureux, ça!

République du Congo

La magie d'Anansi

Un conte traditionnel antillais

Il y a très, très longtemps, avant le début de notre ère, Dame Nature était encore en train de créer tous les animaux du monde et elle essayait de donner à chacun quelque chose de spécial.

Dame Nature avait donné à Anansi l'araignée le talent de tisser des toiles pour attraper toutes les bestioles... Enfin, certaines bestioles. Un jour, Anansi se promenait dans la jungle en regardant tous les animaux. Ils étaient fiers de ce que Dame Nature leur avait donné. Anansi les respectait tous, il n'y avait qu'une chose qui n'allait pas: aucun autre animal ne respectait Anansi, c'est du moins l'impression qu'elle avait. Elle eut alors une idée. Si elle trouvait l'animal le plus respecté du monde et qu'elle obtenait son respect, tous les autres animaux se mettraient alors à la respecter elle aussi. Elle pensa... à Monsieur Le Tigre. Tout le monde respectait Monsieur Le Tigre. Anansi se rendit à la maison de Monsieur Le Tigre et attendit qu'il sorte. Monsieur Le Tigre sortit enfin mais il ne remarqua même pas la petite Anansi.

— Attendez!

— Humm, oui?

— Euh, euh ...euh, euh, Monsieur Le Tigre, que dois-je faire pour que vous me respectiez?

— Pour que je te respecte? Ah, ah, ah, ah, ah, ah!

Monsieur Le Tigre pouffa de rire en entendant cette question. Mais Anansi ne se laissa pas décourager. Elle était déterminée à gagner le respect de Monsieur Le Tigre.

— Hum, bon, très bien. Si tu m'amènes Monsieur Le Serpent, l'être le plus grinch-eux du monde, à ce moment-là, je te respecterai, ma petite. Ah, ah, ah, ah, ah!

Lui amener Monsieur Le Serpent? Mais comment Anansi pourrait-elle bien s'y prendre?

Elle se mit à observer studieusement Monsieur Le Serpent: ce qu'il mangeait, ce qu'il buvait .... à quelle heure il se couchait, et dès qu'elle eut compris la routine de Monsieur Le Serpent elle décida de lui tendre un piège.

Oh! Pauvre petite! Anansi comprit qu'elle n'attraperait pas Monsieur Le Serpent par la force, il lui fallait essayer autre chose. Puis Anansi... ouahhhhhh... trouva la réponse qu'elle cherchait. Le jour suivant, Anansi versa de la graisse le long des parois du trou en espérant que le serpent glisserait et tomberait au fond en essayant de manger tout le régime de bananes. Mais ce n'est pas ce qui arriva.

— Hé, hé! Pensais-tu vraiment que tu m'attraperais?

— Euh, euh, non, Monsieur Le Serpent, j'étais curieuse de voir si c'était vrai.

— Curieuse de voir quoi, Anansi? Si je mangeais les.... araignées...?

— Euh, non, non, pas ça, j'étais seulement curieuse de voir si vous étiez la plus longue créature de la jungle.

— La plus longue créature de la jungle? Quoi? Mais je suis la plus longue créature du monde. Amène-moi n'importe quoi, n'importe quoi et je te prouverai que je suis le plus long.

— N'importe quoi? Même plus long qu'une tige de bambou? Personne n'est plus long que ça!

— Apporte-le! Et je te prouverai que je le suis...

— Bon, vous feriez bien de vous étirer parce que cette tige est vraiment longue.

— Mais allons donc, t'en fais pas pour moi, vas-y, mesure-nous.

Anansi le fit en tissant une toile très serrée avec laquelle elle attacha le serpent à la tige.

— Ah, ah, ah! Ah, ah, ah, ah! Ah, ah, ah! Hum-Hum, ma chère Anansi, je suis très impressionné par ce que tu as fait. Maintenant, je pourrais t'accorder un certain respect.

— Euh, merci, Monsieur Le Tigre mais je, je ... n'en veux plus, de votre respect. Pas au détriment des sentiments de quelqu'un d'autre. Désolée.

Dame Nature était fière d'Anansi, tellement fière qu'elle lui fit un cadeau magique, celui de pouvoir tisser des toiles très complexes et incroyablement gluantes. Et Anansi était maintenant capable d'attraper toutes les bestioles.

Une vie

Une vie, qu'est-ce que c'est?

Voici Jean-Claude, il est né le 6 juin 1947 à L'île de Béarn

Jean-Claude est un homme, la preuve il a une moustache et il aime les voitures. D'ailleurs, son métier, c'est de les réparer, les voitures. Jean-Claude n'est pas un homme comme les autres, Jean-Claude a choisi de vivre en marge, c'est courageux car les gens n'aiment pas ceux qui ont franchi la ligne mais Jean-Claude adore franchir les lignes. D'ailleurs, il a été champion de course automobile.

Une vie, qu'est-ce que c'est? Du changement, des choix, des rencontres. De l'autre côté de la ligne, Jean-Claude a fait des mauvaises rencontres et a fini en prison. Jean-Claude a continué seul de l'autre côté de la ligne, il a tout perdu, il pensait être libre, des fois être libre c'est être égoïste, mais c'est un choix. La vie, c'est avoir le choix. De l'autre côté de la ligne, il y a d'autres gens, des bons et des mauvais. Jean-Claude a tiré les mauvais. Un matin, Jean-Claude a été retrouvé, errant dans son garage au milieu de détritus et de ferrailles. Lorsque les médecins sont arrivés, ils ont vu que Jean-Claude vivait dans un endroit sale et ont pensé que c'était son choix. Avant de sombrer dans le coma, Jean-Claude a dit à ses enfants qu'on l'avait frappé. Les médecins n'ont pas cru les enfants de Jean-Claude. Les médecins ont vu un homme qui vivait de l'autre côté de la ligne et les gens n'aiment pas ceux qui vivent de l'autre côté de la ligne. Les médecins sont des gens. Les médecins ont dit qu'il avait fait un AVC dû à l'alcool. Jean-Claude est mort quinze jours après. Les enfants de Jean-Claude ont demandé une autopsie contre l'avis des médecins. L'autopsie a dévoilé que la mort de Jean-Claude était due à un choc qui a fendu le crâne sur 17 centimètres ; les médecins ne l'avaient pas vu, l'enquête est toujours ouverte mais c'est pas vraiment ça... Jean-Claude est mort il y a un an. C'était mon père.

Une vie, qu'est-ce que c'est? Bah, pour certains, c'est juste une histoire de lignes.